Collection Crabtree « Les racines »

NOS AMIS LES ANIMAUX DE LA FERME

LES COCHONS

AMY CULLIFORD

CRABTREE
Publishing Company
www.crabtreebooks.com

Soutien de l'école à la maison pour les gardien(ne)s et les enseignant(e)s.

Ce livre aide les enfants à se développer grâce à la pratique de la lecture. Voici quelques exemples de questions pour aider le(a) lecteur(-trice) à développer ses capacités de compréhension. Des suggestions de réponses sont indiquées en rouge.

Avant la lecture

- De quoi ce livre parle-t-il?
    - *Ce livre parle des cochons.*
    - *Ce livre parle des cochons vivant sur une ferme.*
- Qu'est-ce que je veux savoir sur ce sujet?
    - *Je veux savoir ce que mangent les cochons.*
    - *Je veux savoir de quelles couleurs peut être un cochon.*

Durant la lecture

- Je me demande pourquoi...
    - *Je me demande pourquoi certains cochons sont roses.*
    - *Je me demande pourquoi les cochons font groin.*
- Qu'est-ce que j'ai appris jusqu'à présent?
    - *J'ai appris que les cochons pouvaient être gros ou petits.*
    - *J'ai appris que les cochons pouvaient être de différentes couleurs.*

Après la lecture

- Nomme quelques détails que tu as retenus.
    - *J'ai appris que les cochons peuvent avoir des taches.*
    - *J'ai appris que les cochons mangent beaucoup.*
- Lis le livre à nouveau et recherche des mots de vocabulaire.
    - *Je vois le mot* ***roses*** *à la page 8 et le mot* ***taches*** *à la page 10. Les autres mots de vocabulaire se trouvent à la page 14.*

Voici un **cochon**.

Certains cochons sont gros.

Certains cochons sont petits.

Les cochons peuvent être **roses**, noirs ou bruns.

Certains cochons ont des **taches.**

Les cochons mangent toute la journée.

Tous les cochons
font : groin!

Liste de mots

Les mots utilisés

bruns
certains
des
être
font
groin
gros
la
les
mangent
ont
ou
sont
tous
toute
un

La boîte à mots

cochon

roses

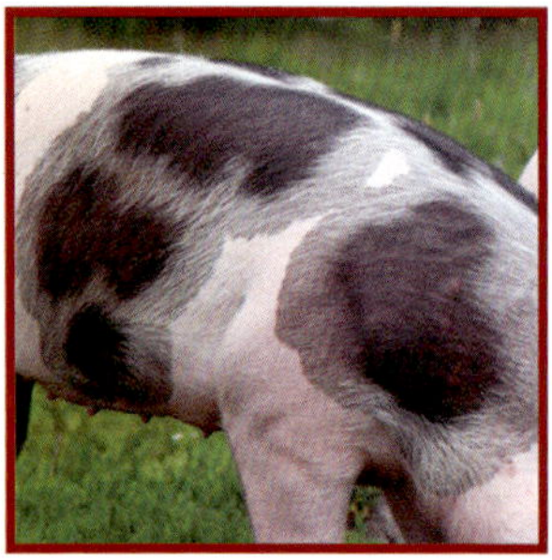

taches

35 mots

Voici un **cochon.**

Certains cochons sont gros.

Certains cochons sont petits.

Les cochons peuvent être **roses**, noirs ou bruns.

Certains cochons ont des **taches**.

Les cochons mangent toute la journée.

Tous les cochons font : groin!

NOS AMIS LES ANIMAUX DE LA FERME

LES COCHONS

CRABTREE Publishing Company

Autrice : Amy Culliford
Conception : Rhea Wallace
Développement des sérics : James Earley
Conseillère pédagogique : Christina Lemke M.Ed.
Traduction : Claire Savard

Photographies :
Shutterstock : Irina Kozorog : couverture (haut à gauche); Alexander Raths : couverture (haut à droite); ArtbyPixel : couverture (bas); ccpixxphotography : p. 1; Konmac : p. 3, 4 5, 14; sinagrafie : p. 7; C.Lotongkum : p. 9 (t), 14; Juan Aunion : p. 9 (b); acceptphoto : p. 10 11, 14; QiuJu Song : p. 12; Eric Buermeyer : p. 13

Catalogage avant publication de Bibliothèque et Archives Canada

Titre: Les cochons / Amy Culliford ; traduction : Claire Savard.
Autres titres: Pigs. Français
Noms: Culliford, Amy, 1992- auteur.
Description: Mention de collection: Nos amis les animaux de la ferme | Collection Crabtree "Les racines" | Traduction de : Pigs.
Identifiants: Canadiana (livre imprimé) 20210129484 | Canadiana (livre numérique) 20210129492 | ISBN 9781427136329 (couverture souple) | ISBN 9781427139504 (EPUB) | ISBN 9781427137005 (HTML)
Vedettes-matière: RVM: Porcs—Ouvrages pour la jeunesse.
Classification: LCC SF395.5 .C8514 2021 | CDD j636.4—dc23

Crabtree Publishing Company
www.crabtreebooks.com 1-800-387-7650

Imprimé au Canada / 022021 / CPC

Publié aux États-Unis par
Crabtree Publishing
347 Fifth Avenue, Suite 1402-145
New York, NY, 10016

Publié au Canada par
Crabtree Publishing
616 Welland Ave.
St. Catharines, Ontario L2M 5V6